1
2
3
4
5
6

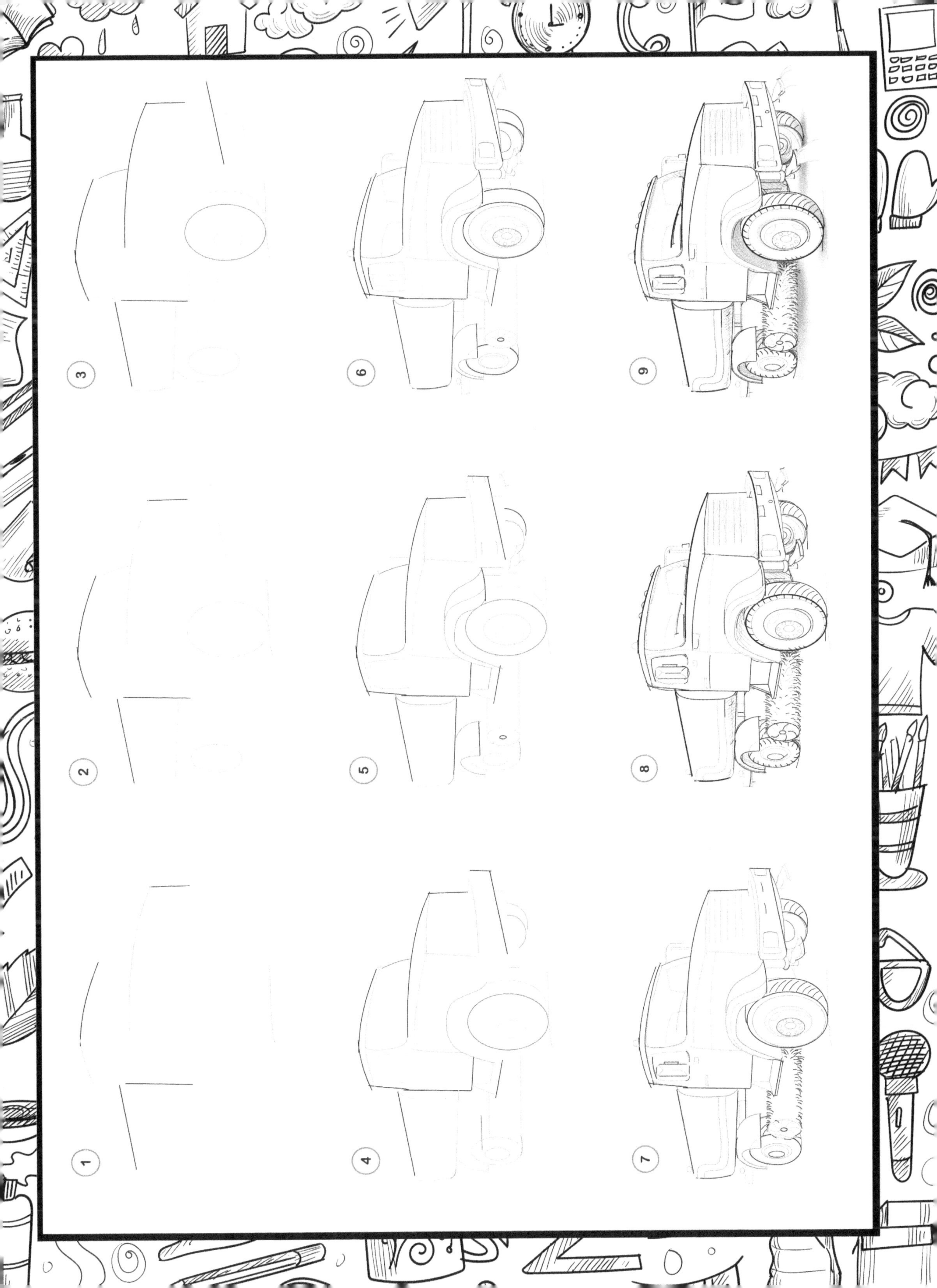

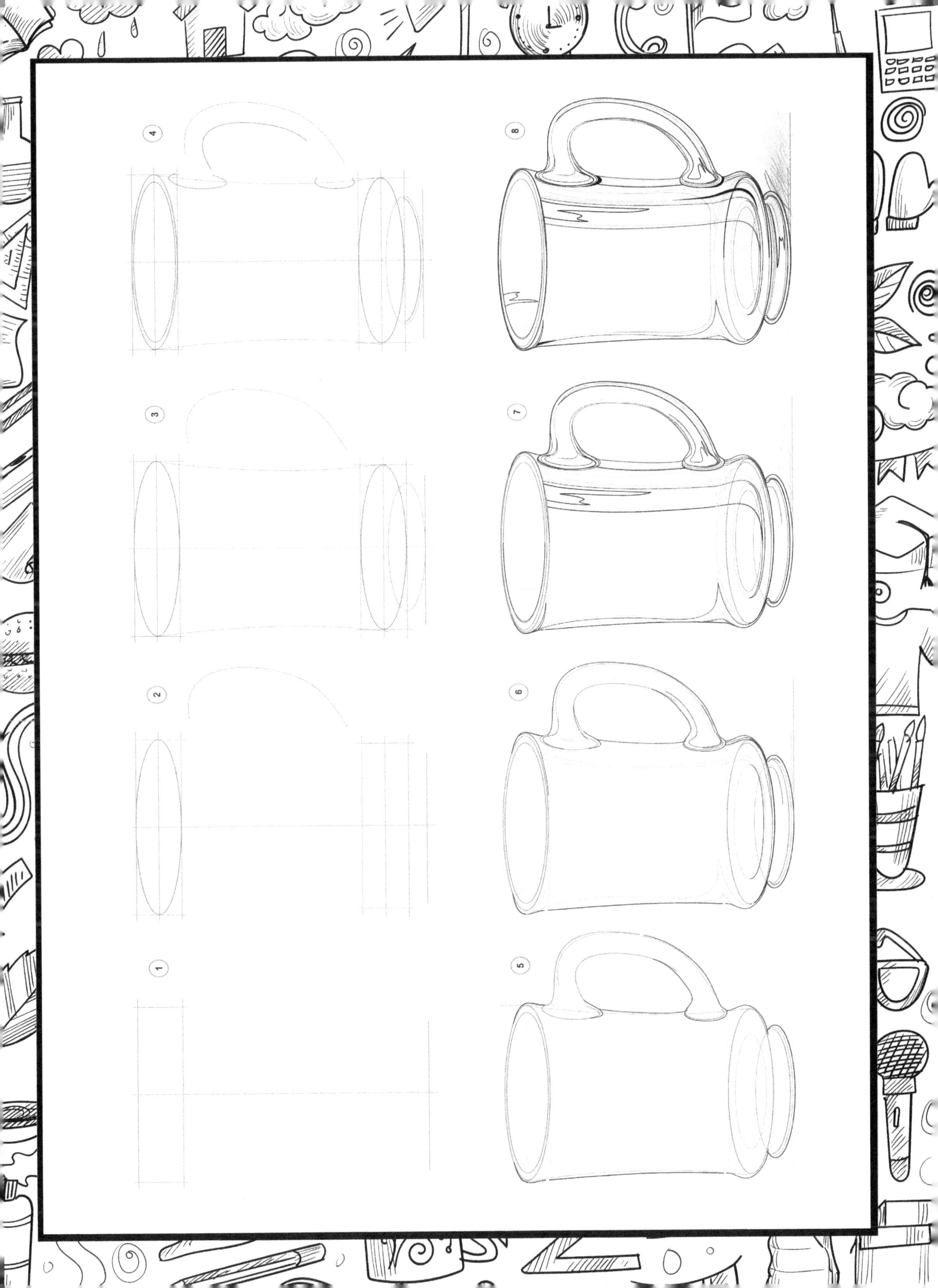

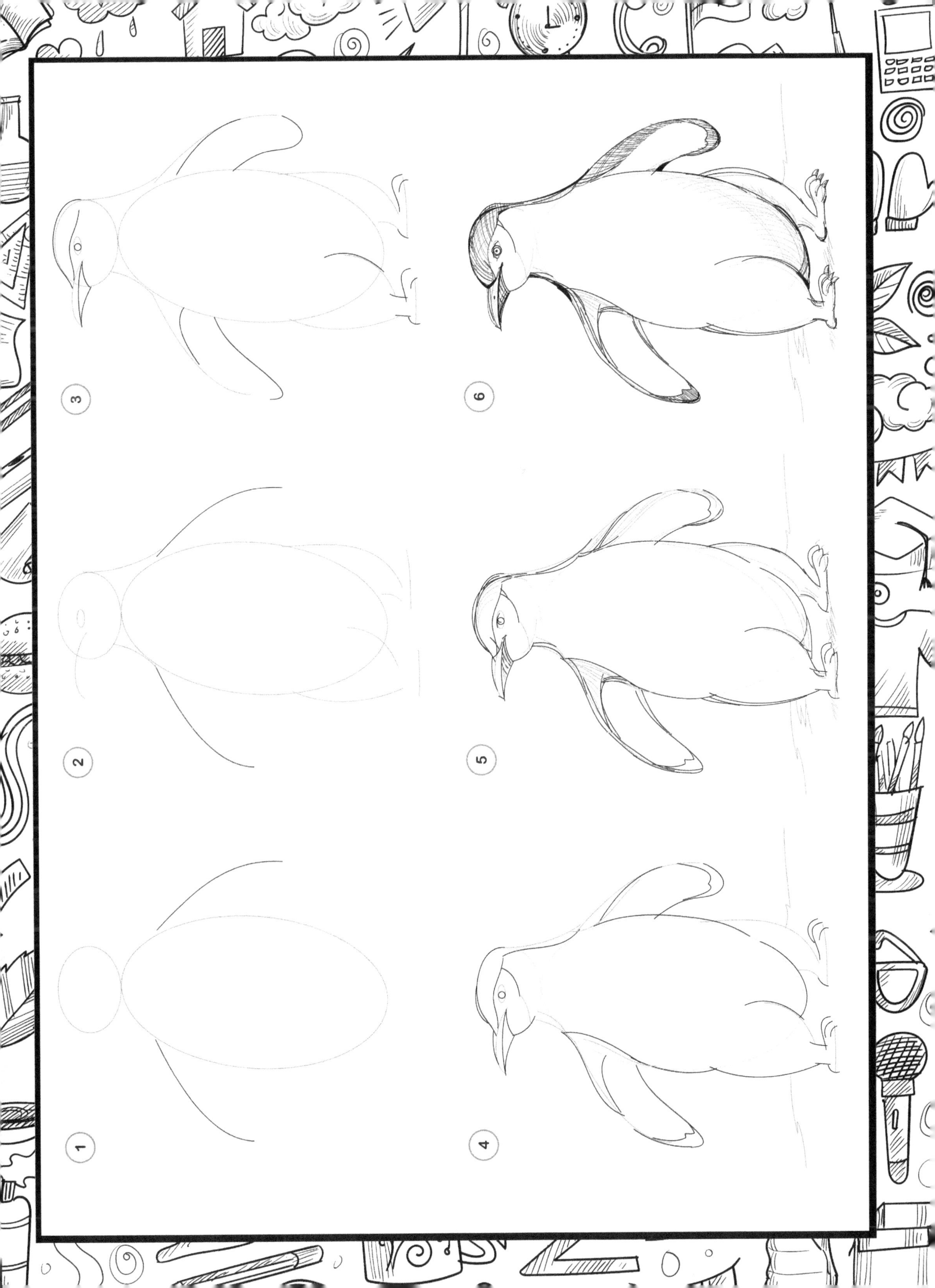

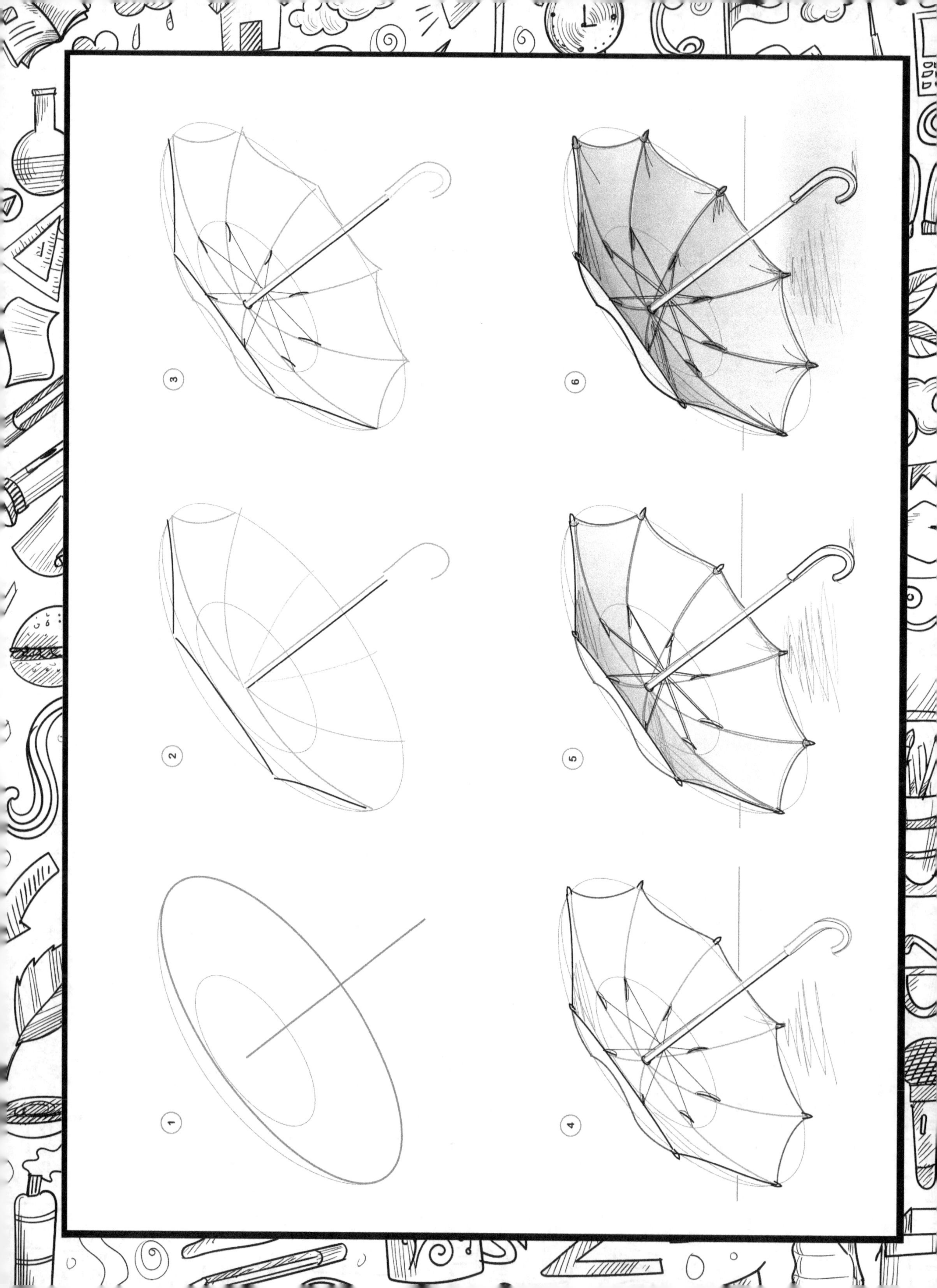

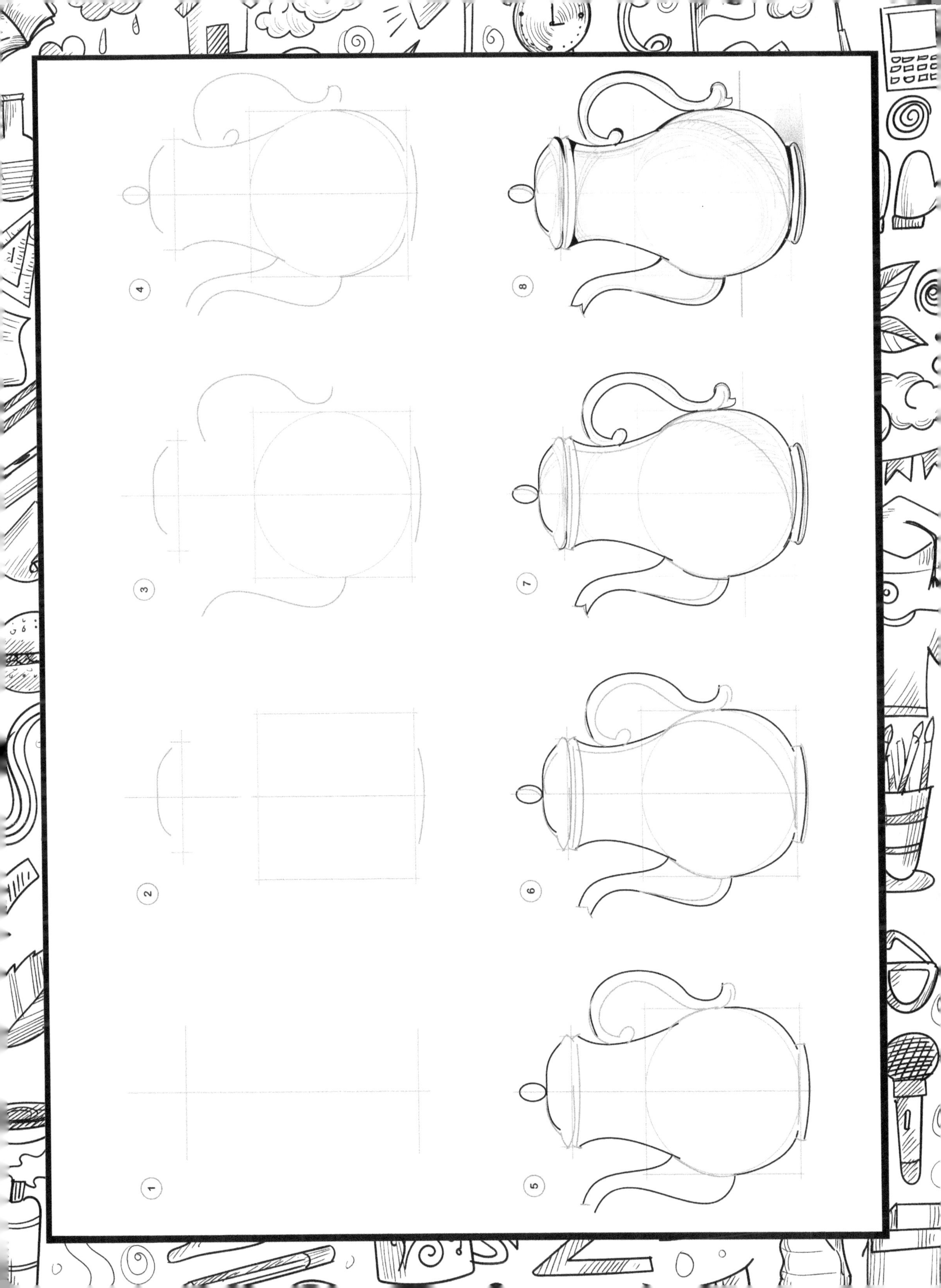

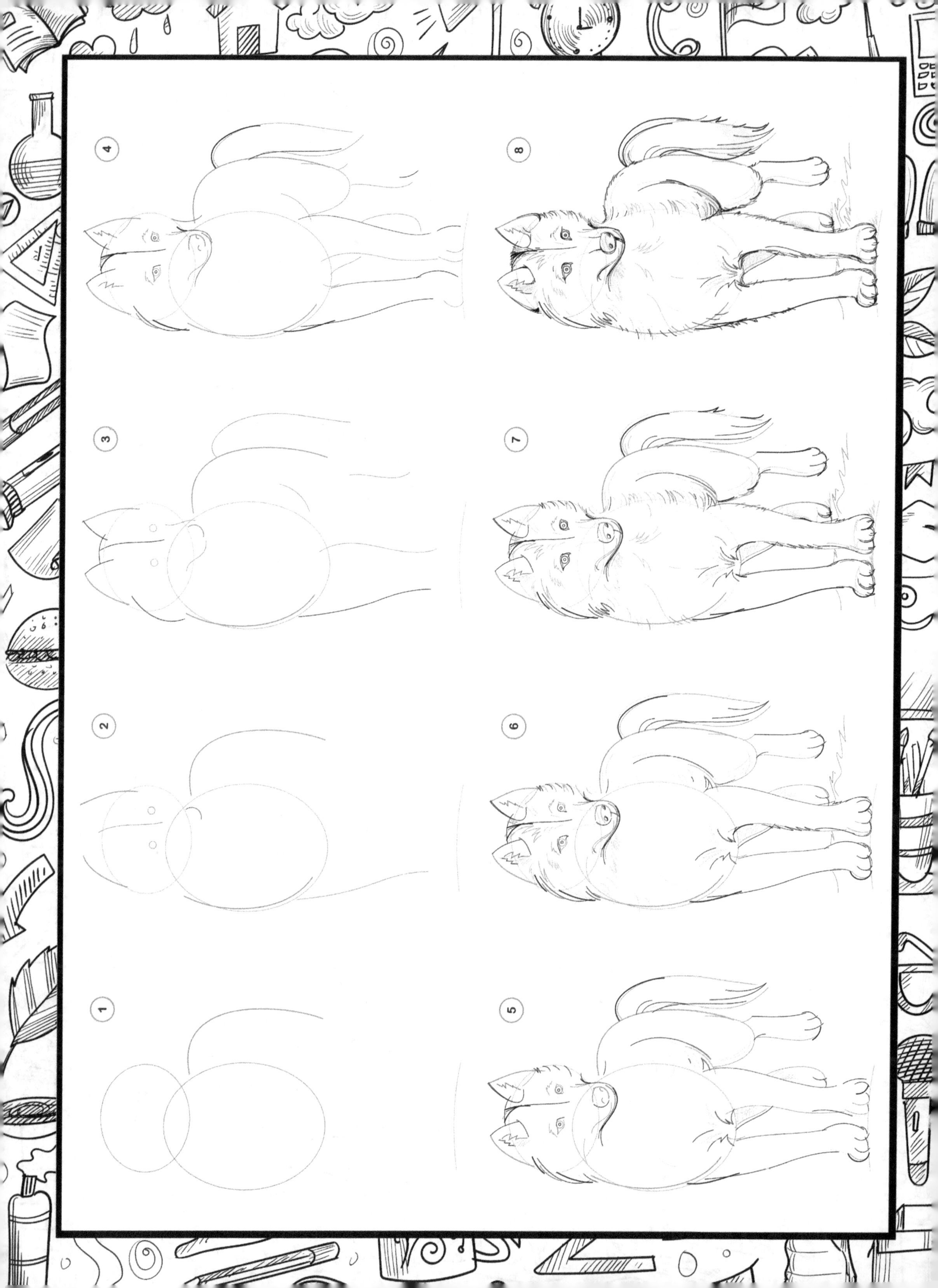

1
2
3
4
5
6

1
2
3
4
5
6

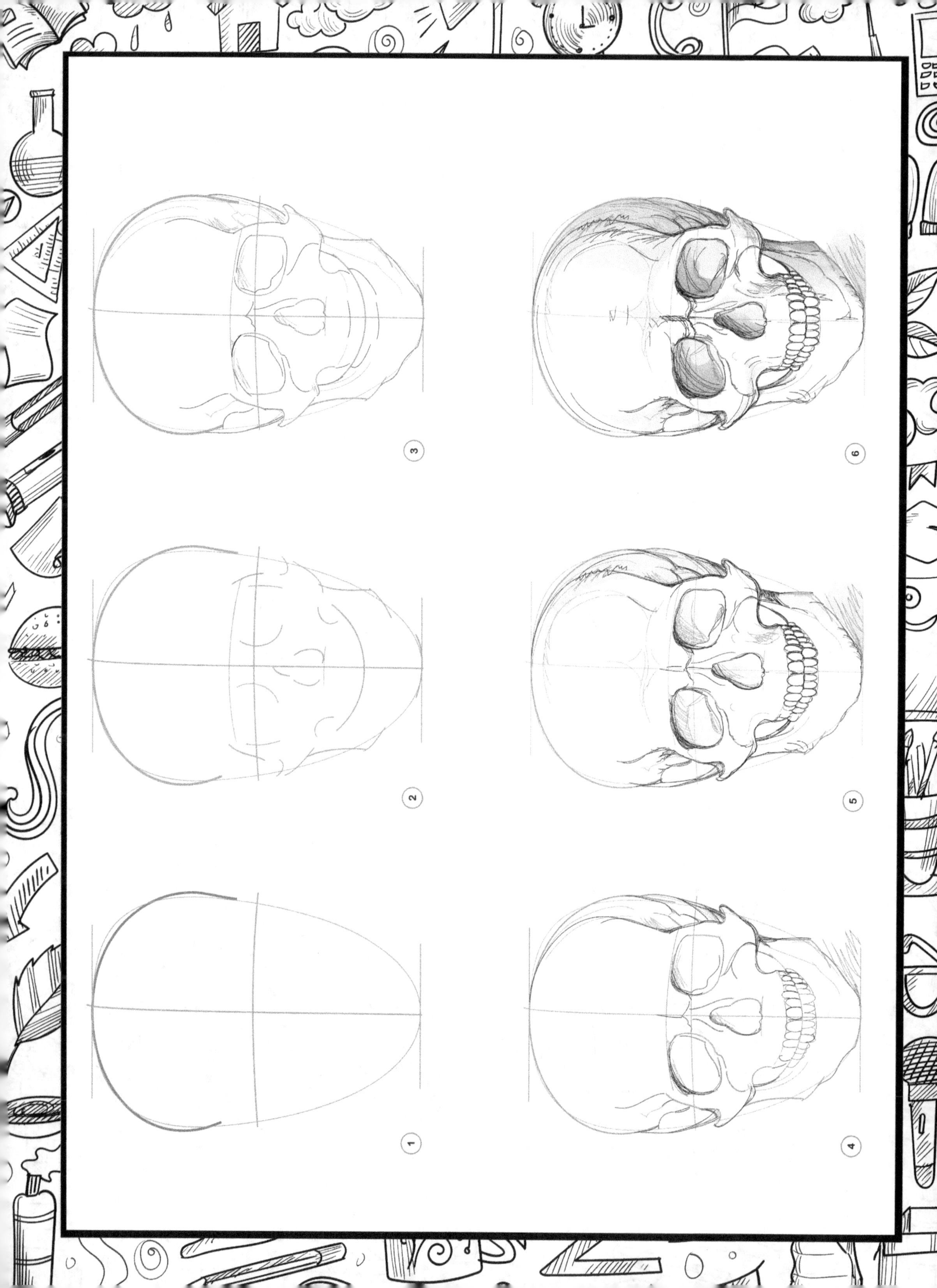

1
2
3
4
5
6

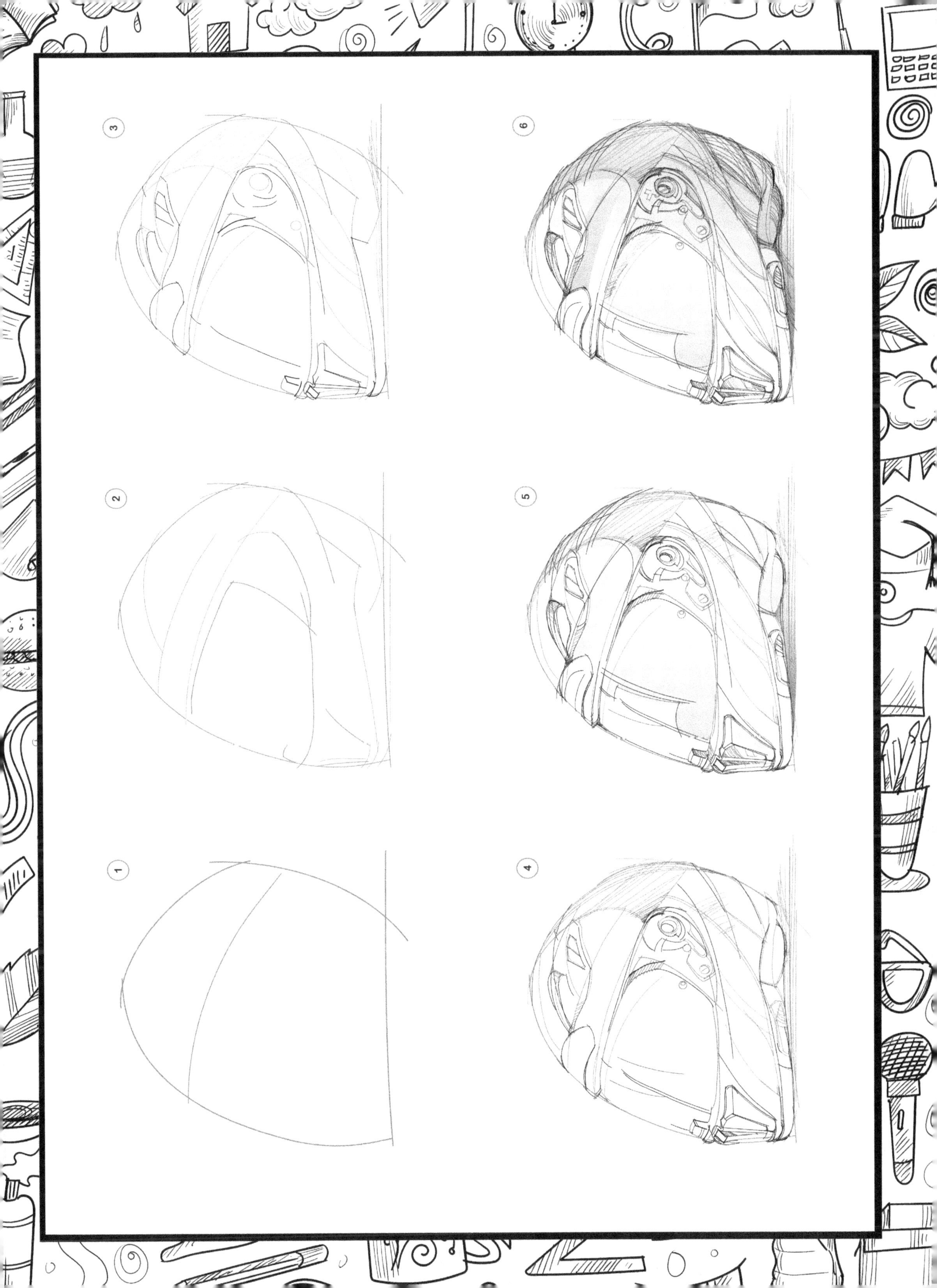

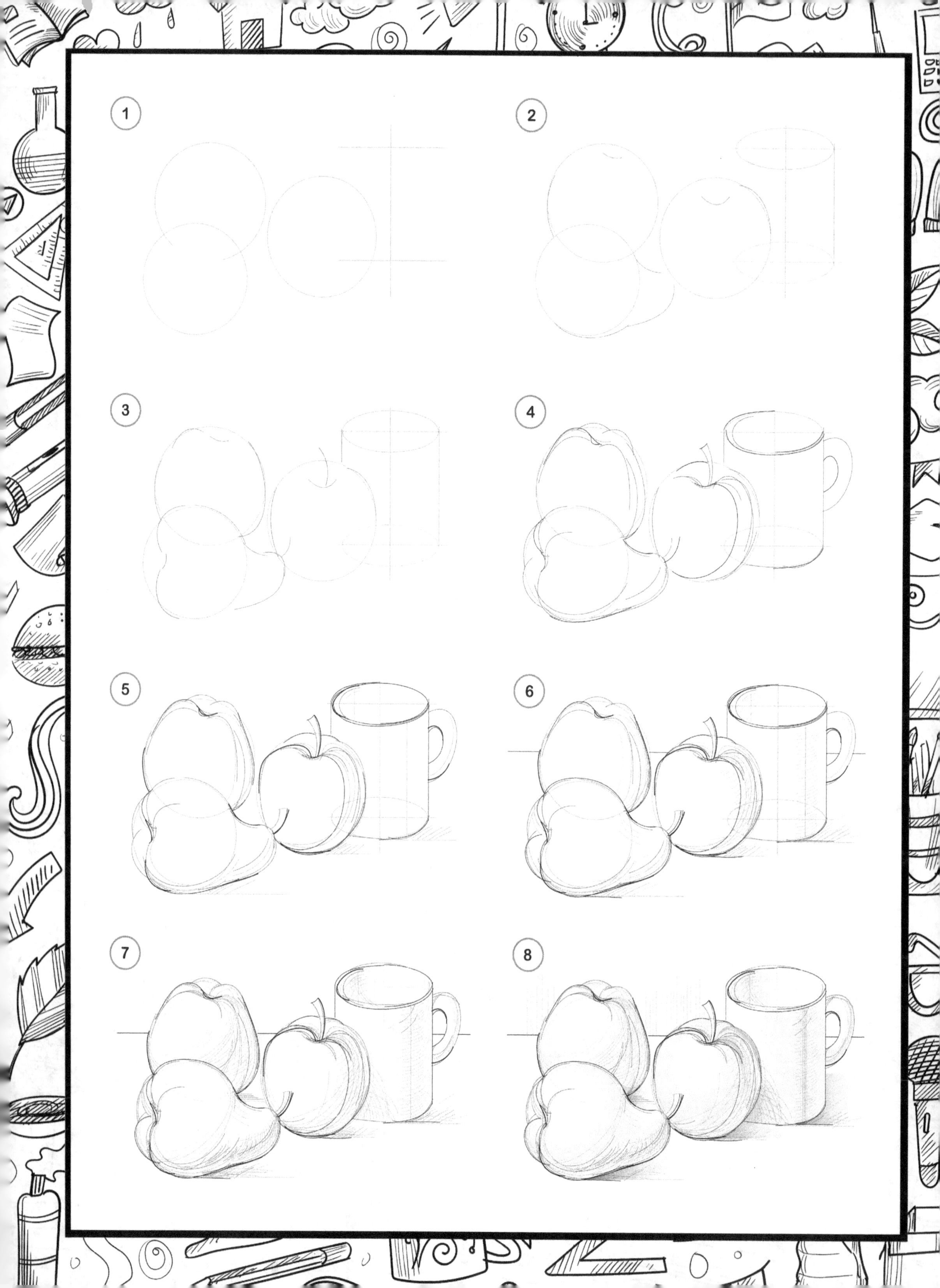

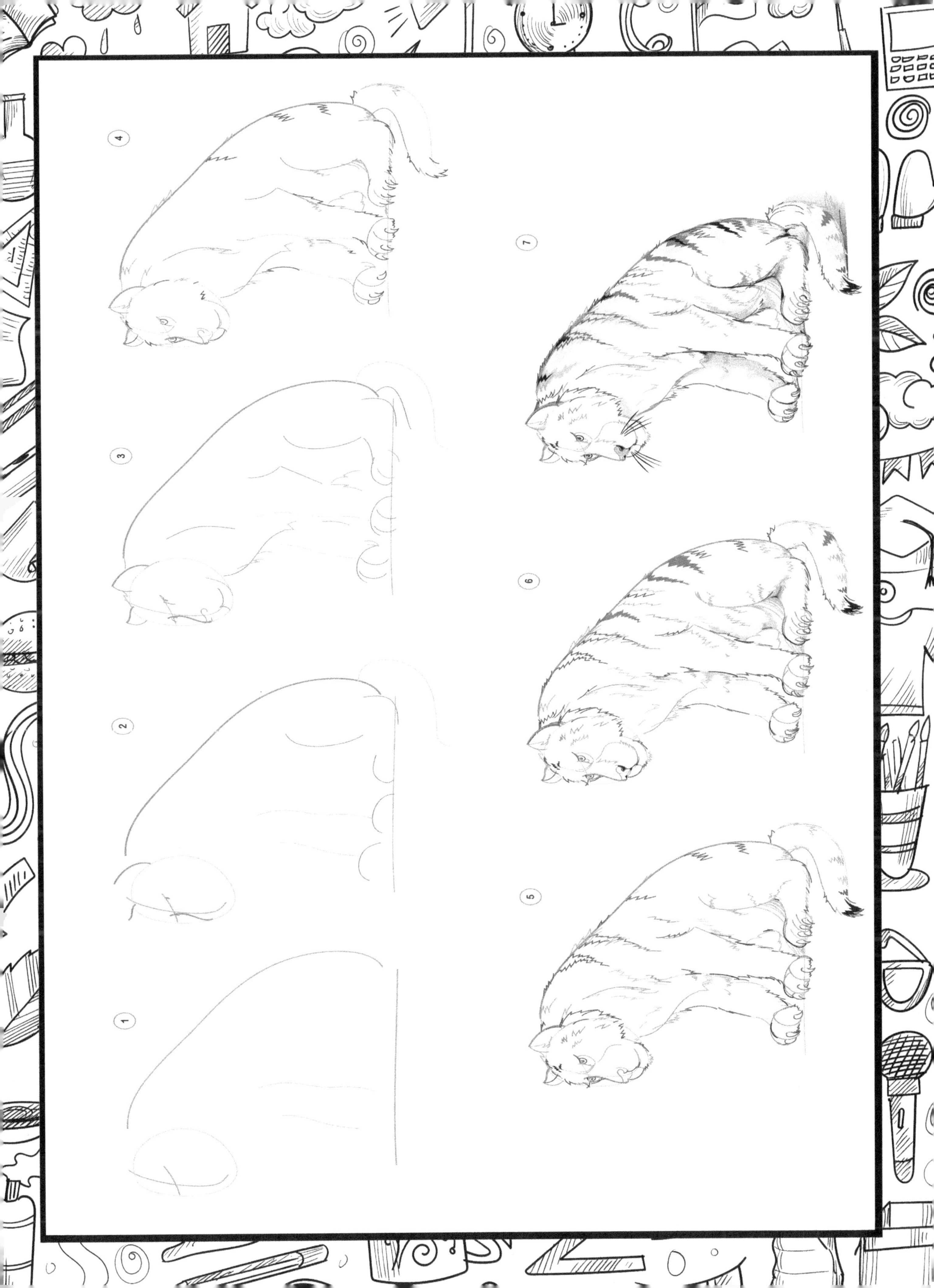

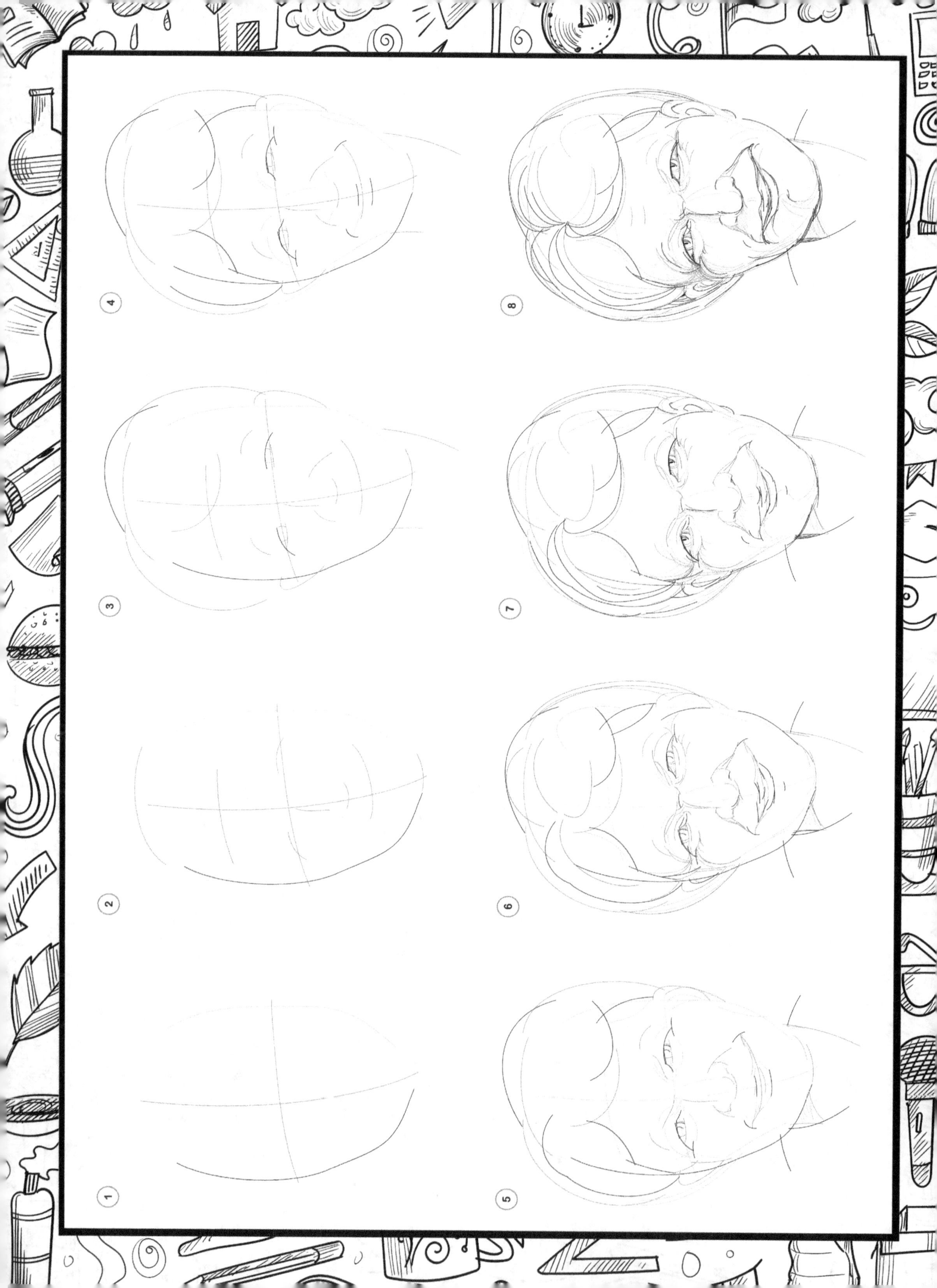

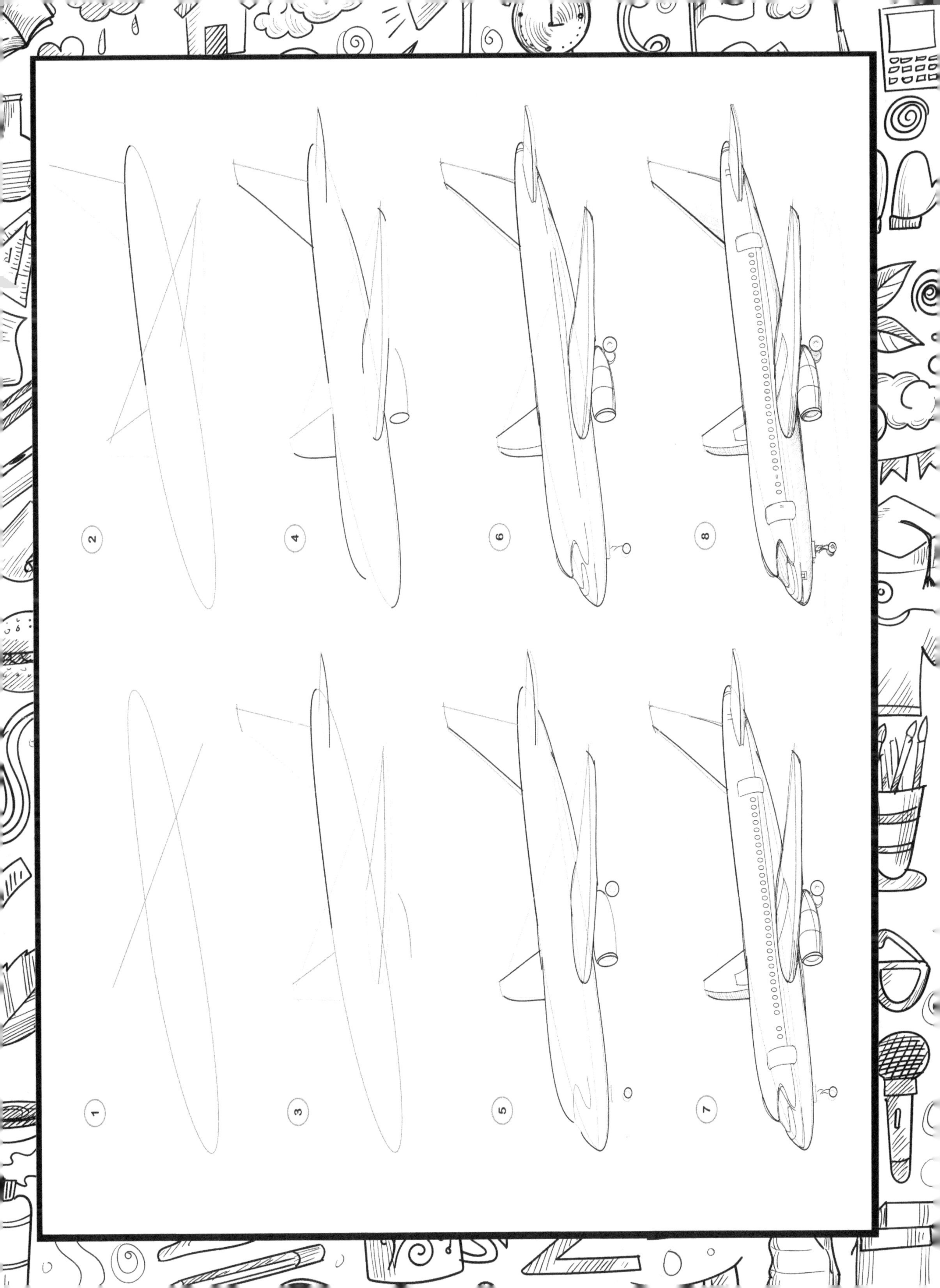

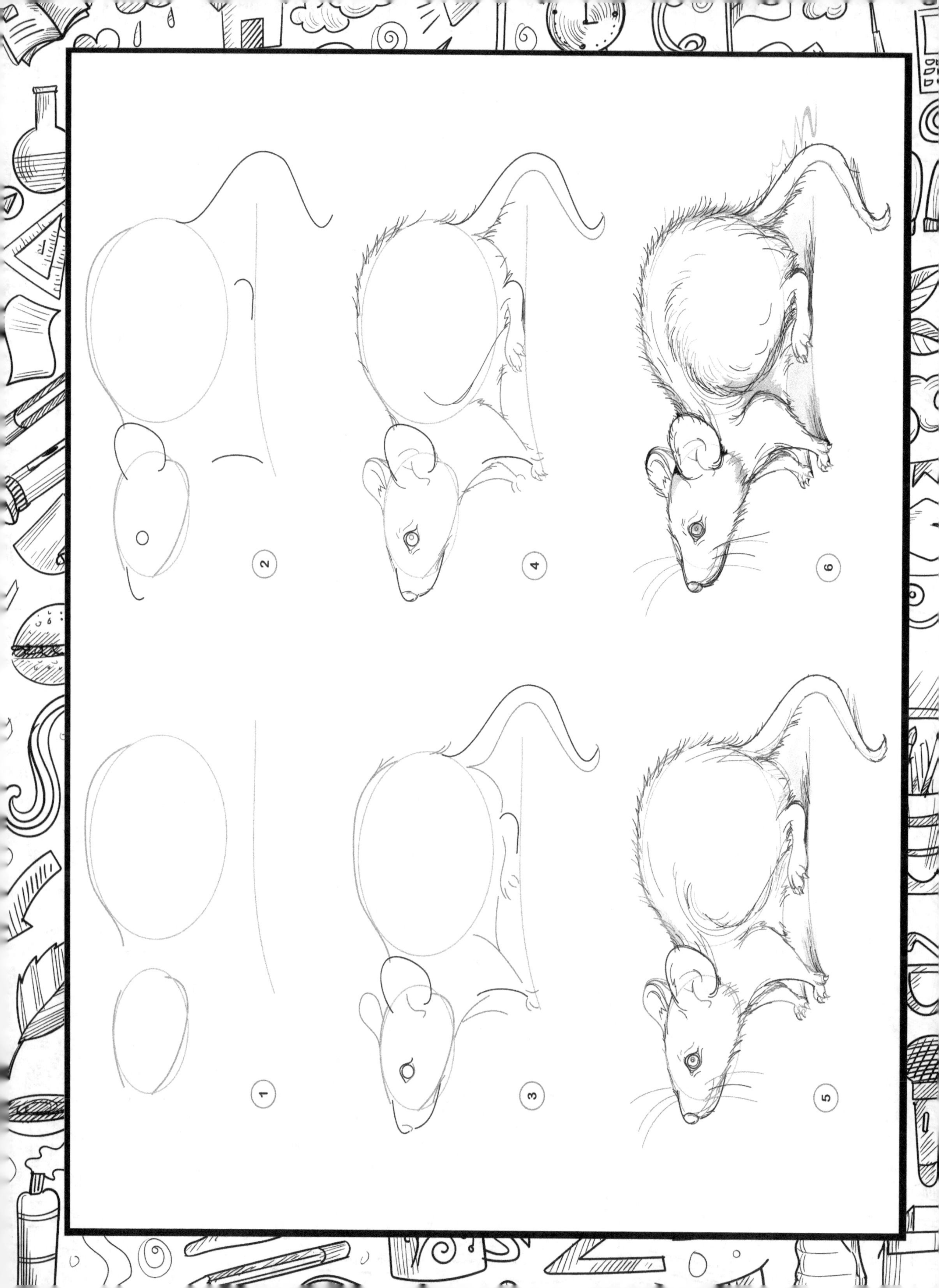

1
2
3
4
5
6
7
8

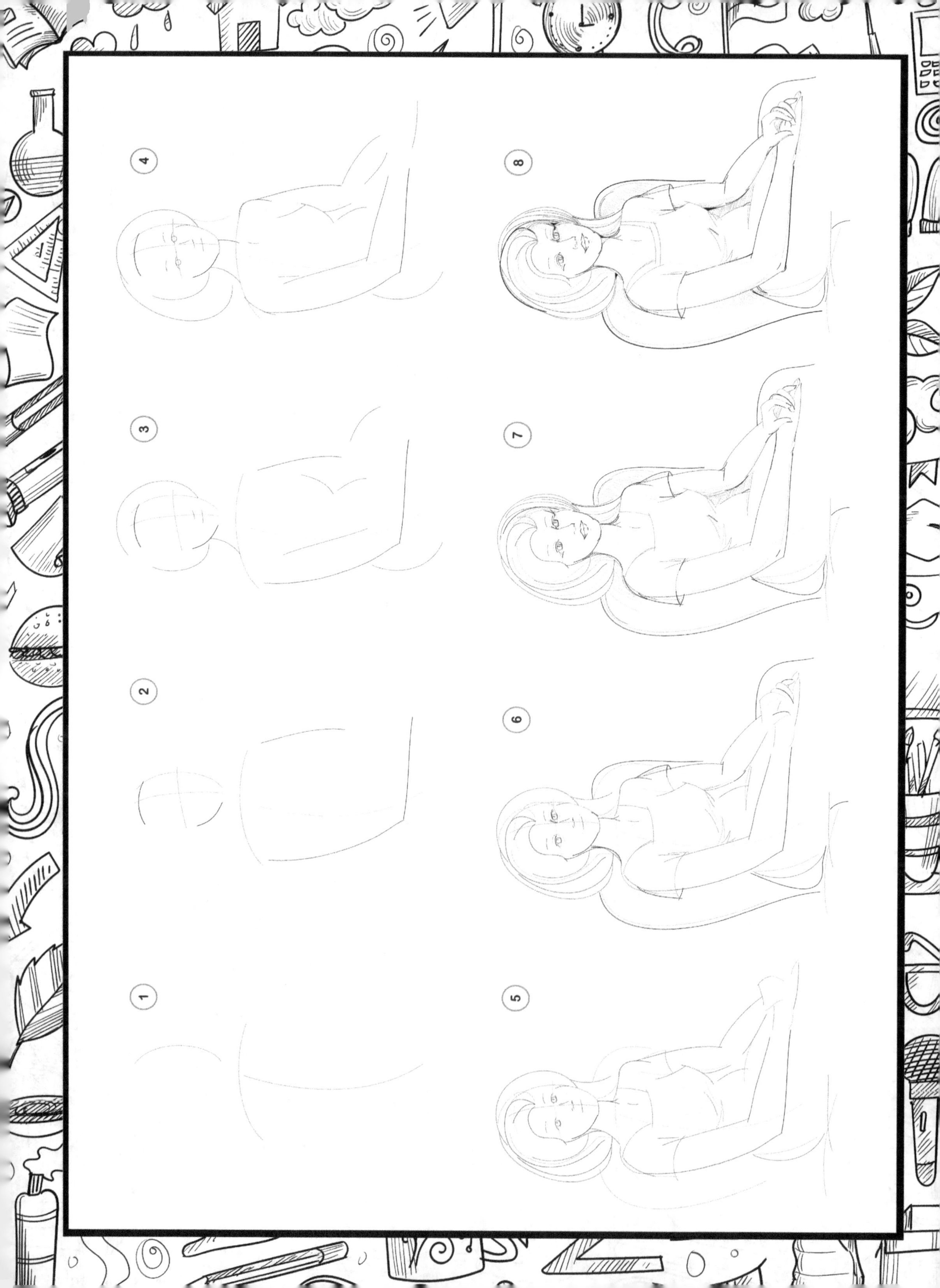

1
2
3
4
5
6

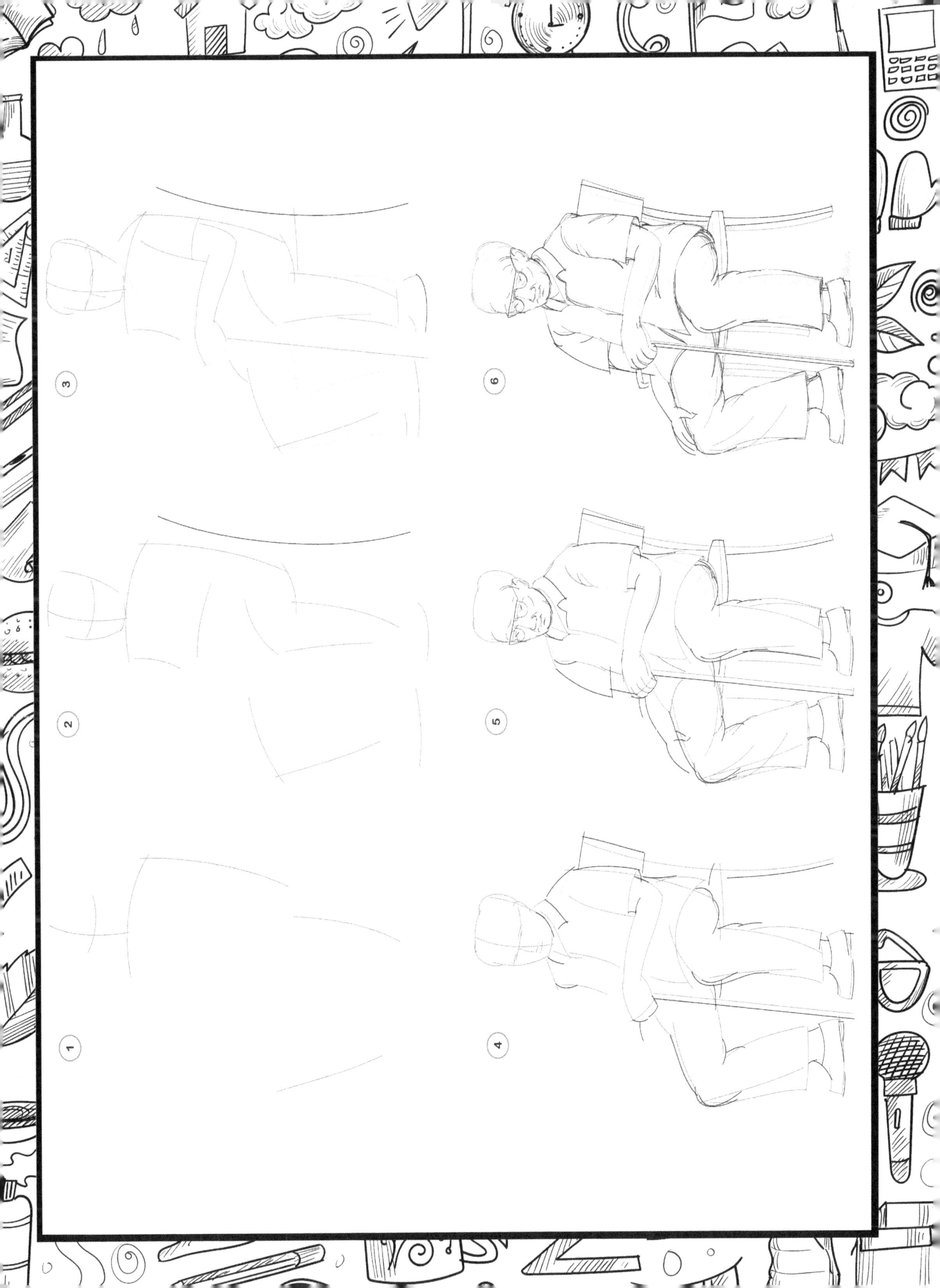

1
2
3
4
5
6
7
8

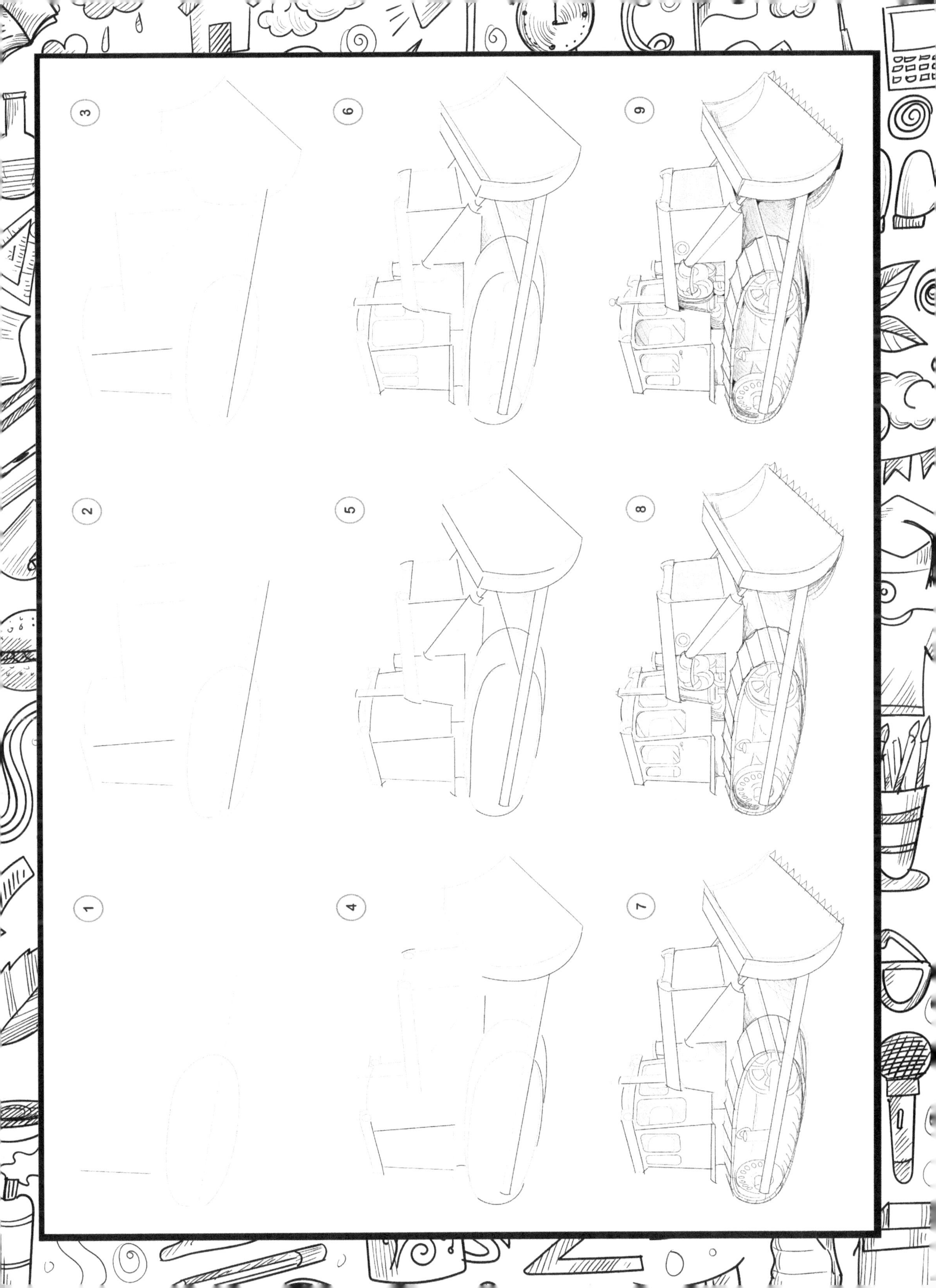

1
2
3
4
5
6

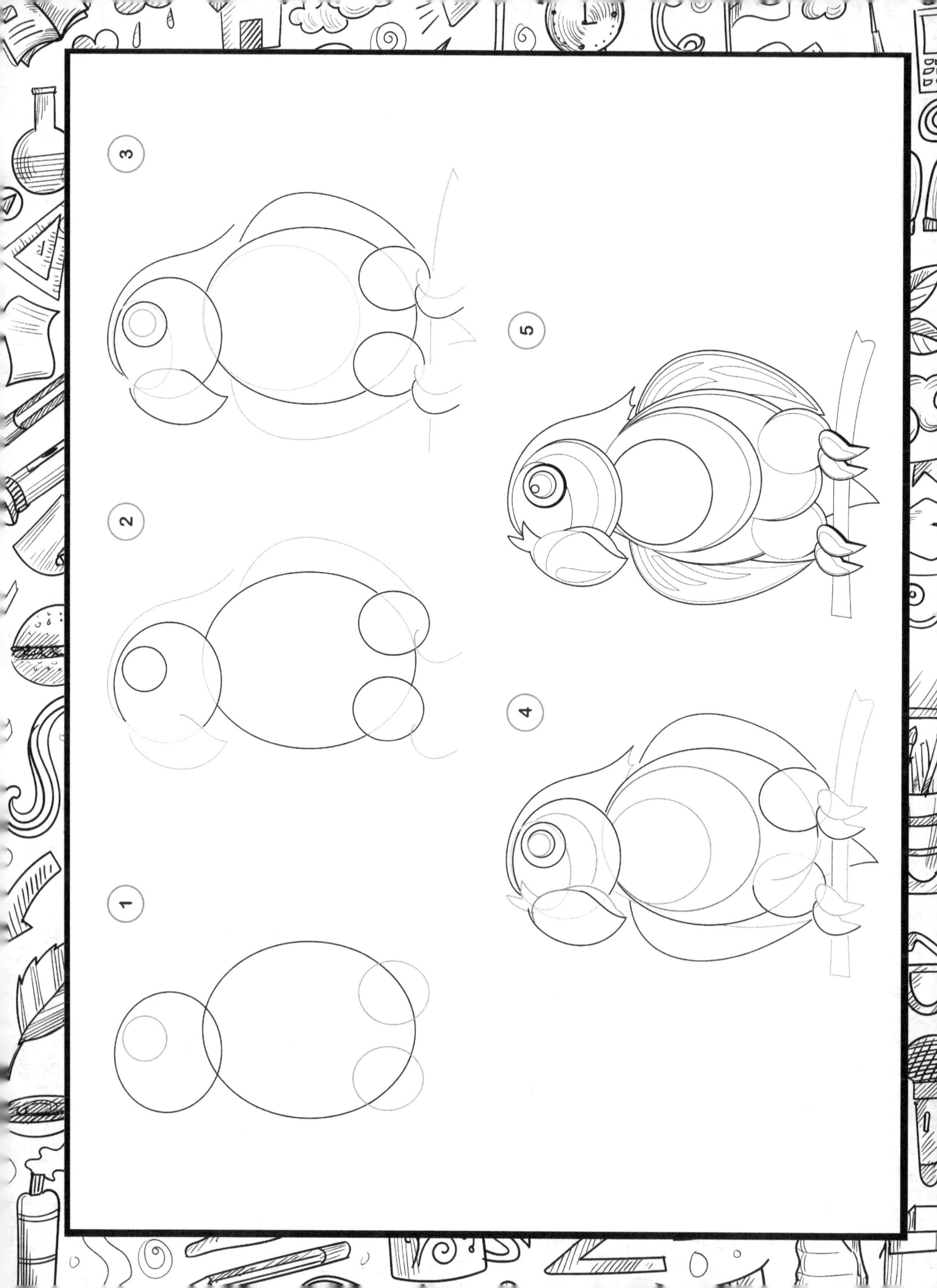

1
2
3
4
5

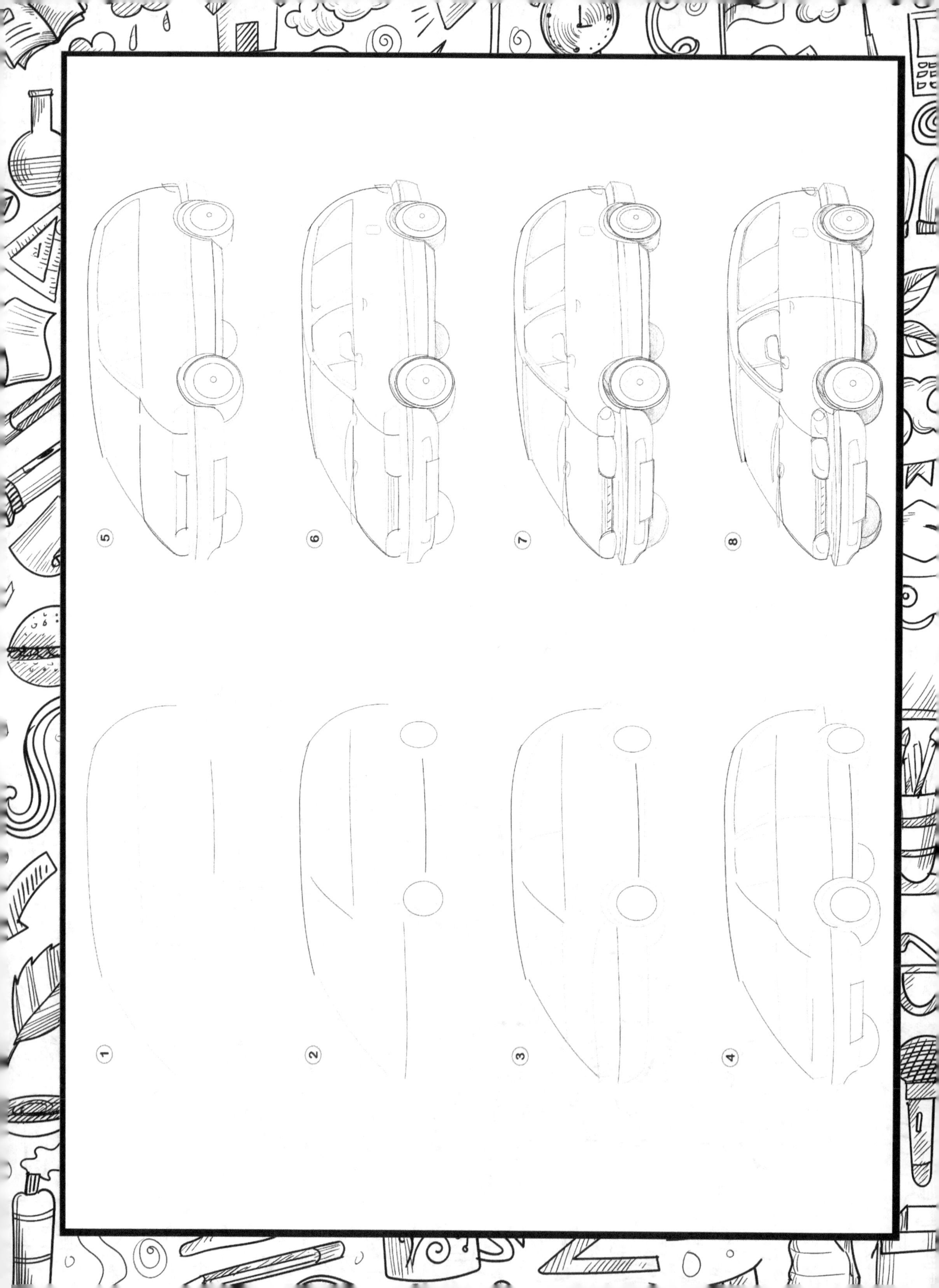

1
2
3
4
5
6
7
8

1
2
3
4
5
6

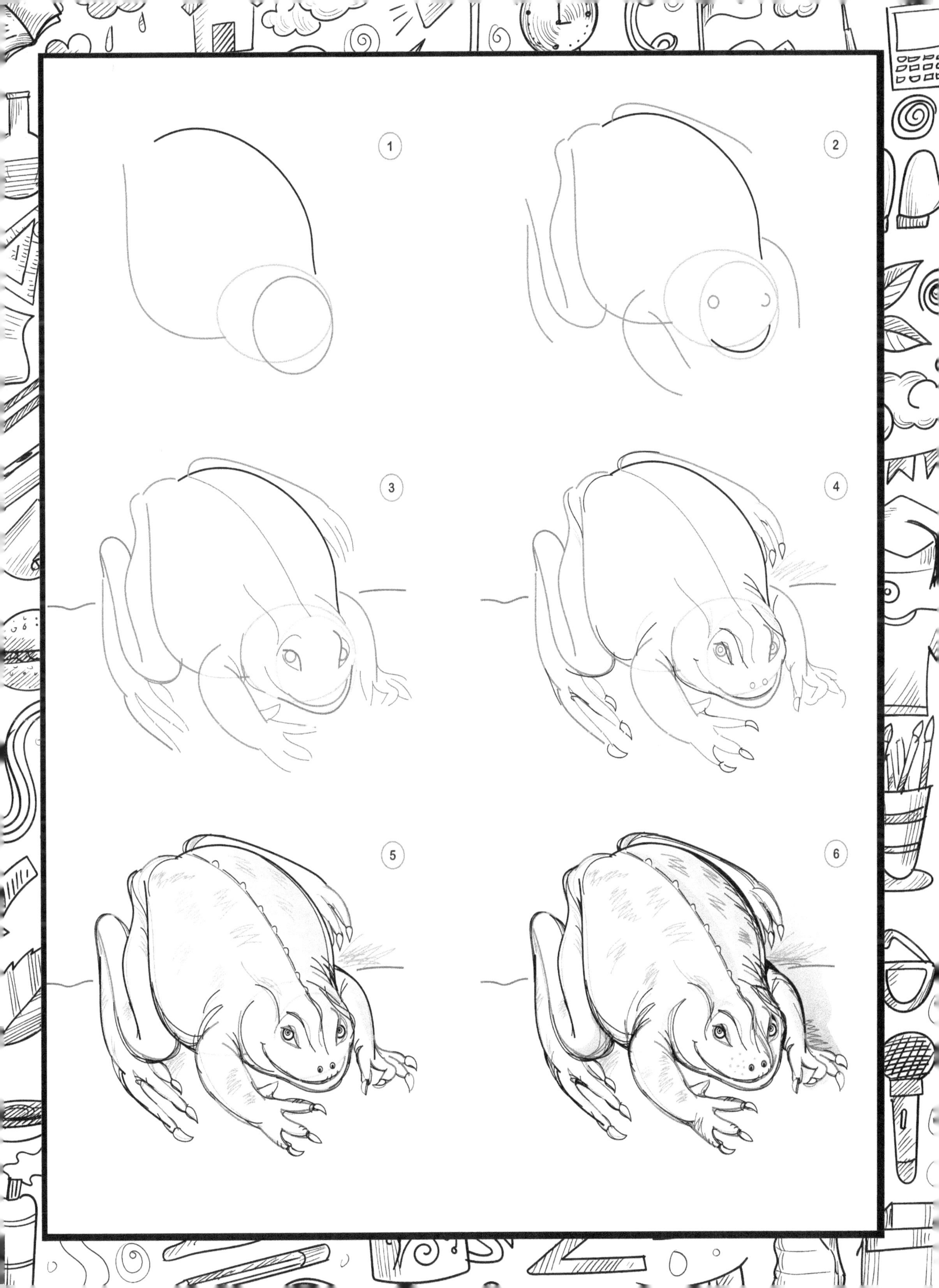

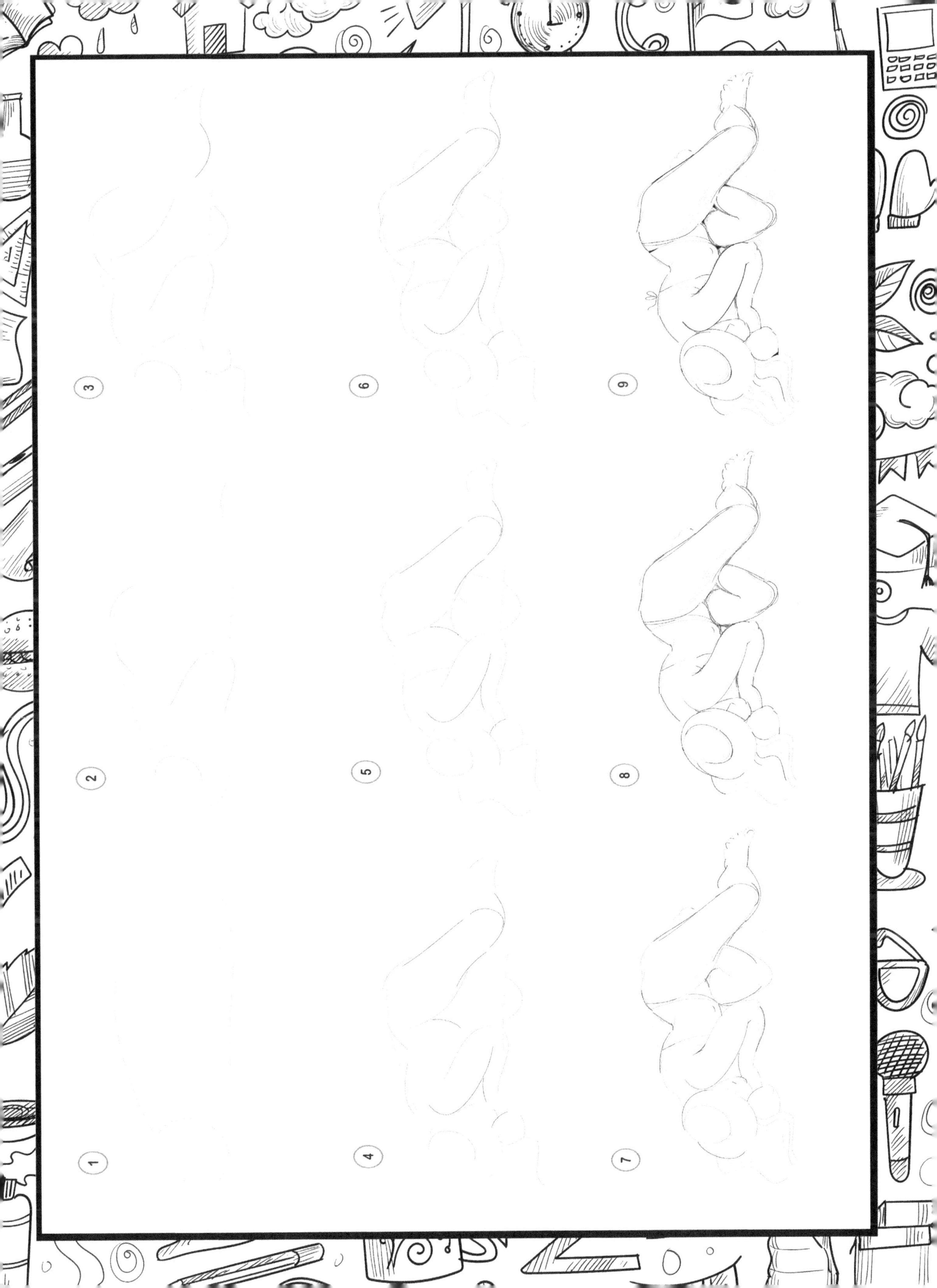

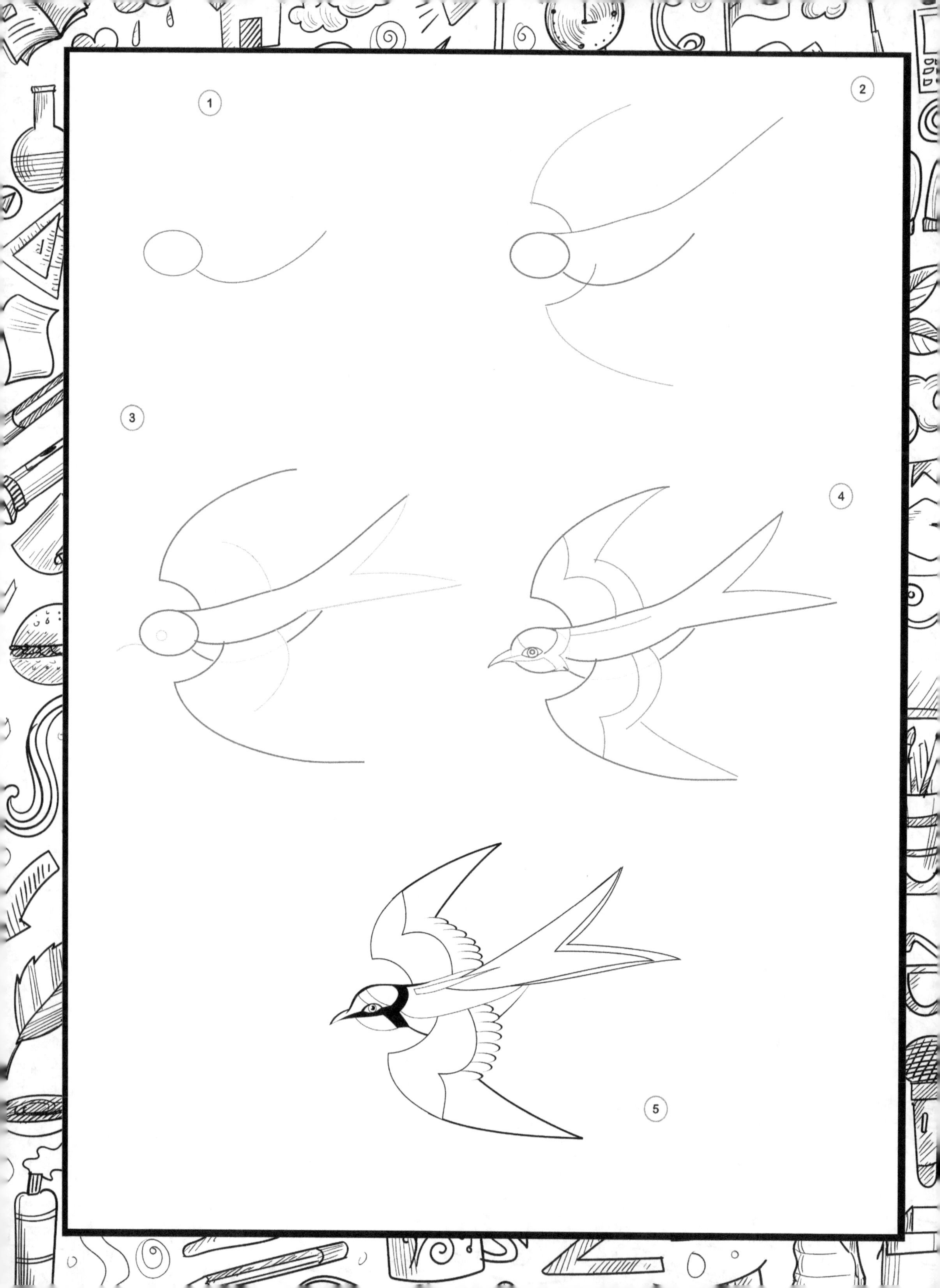

1
2
3
4
5

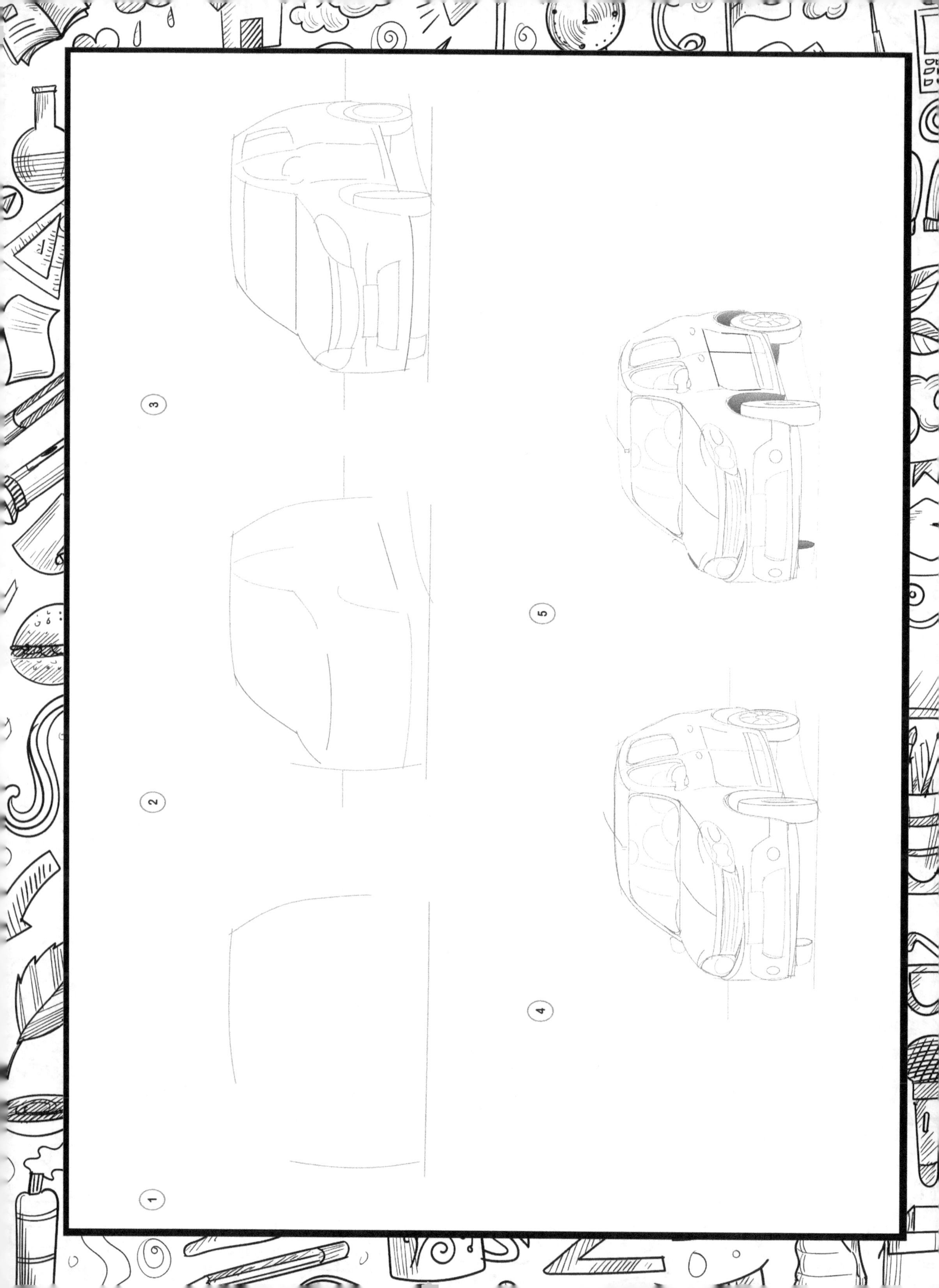

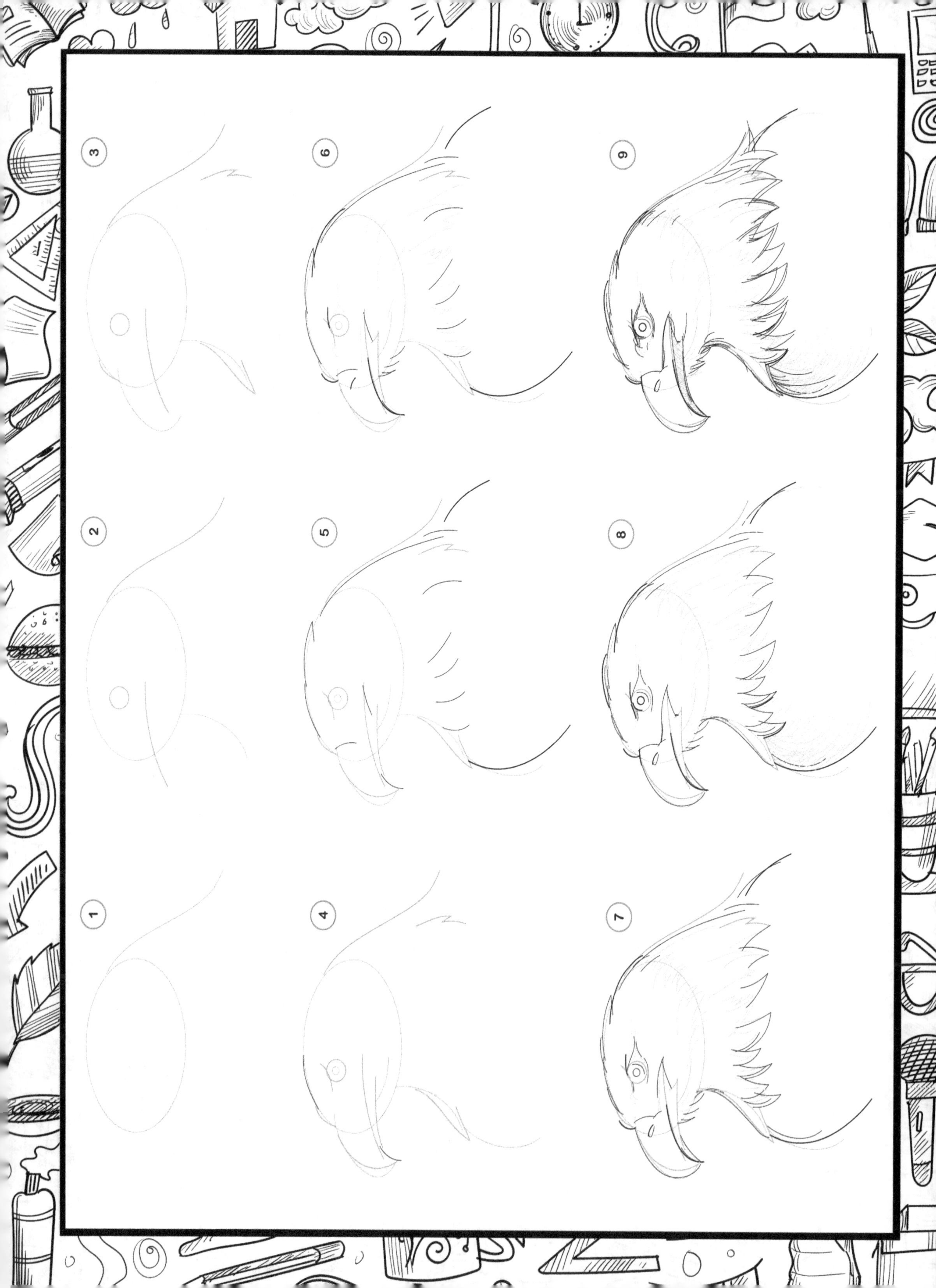

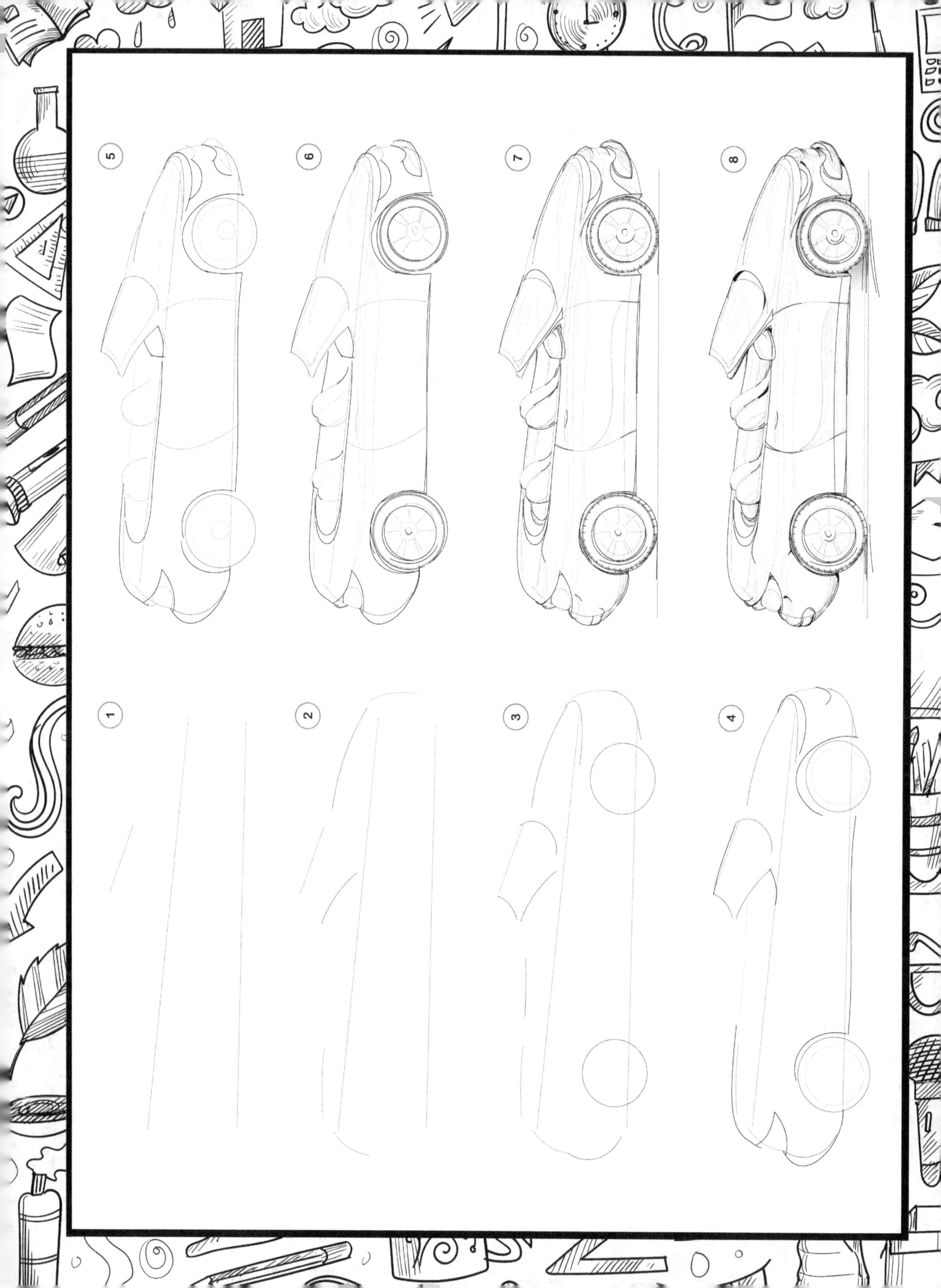

1
2
3
4
5
6
7
8

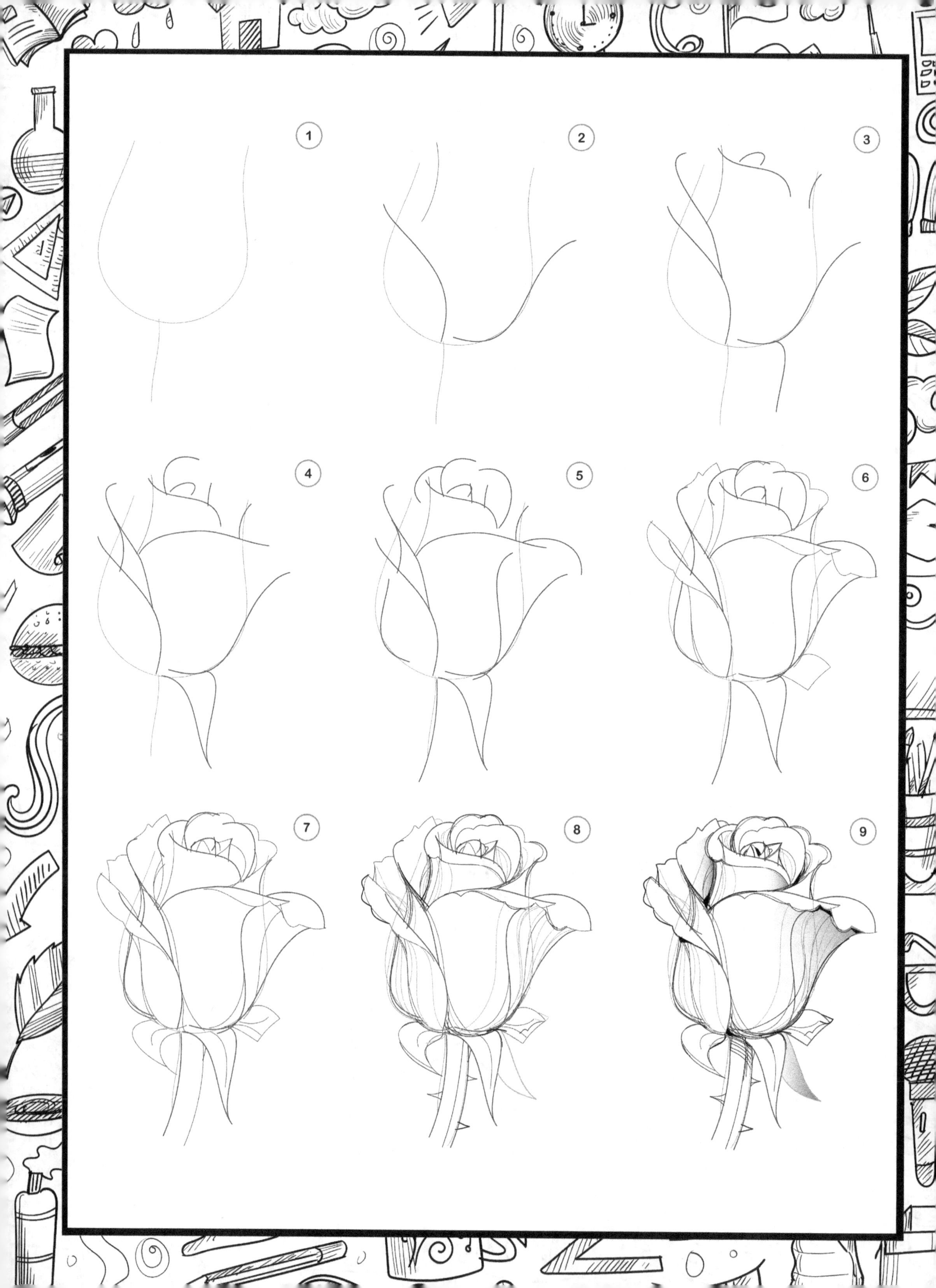

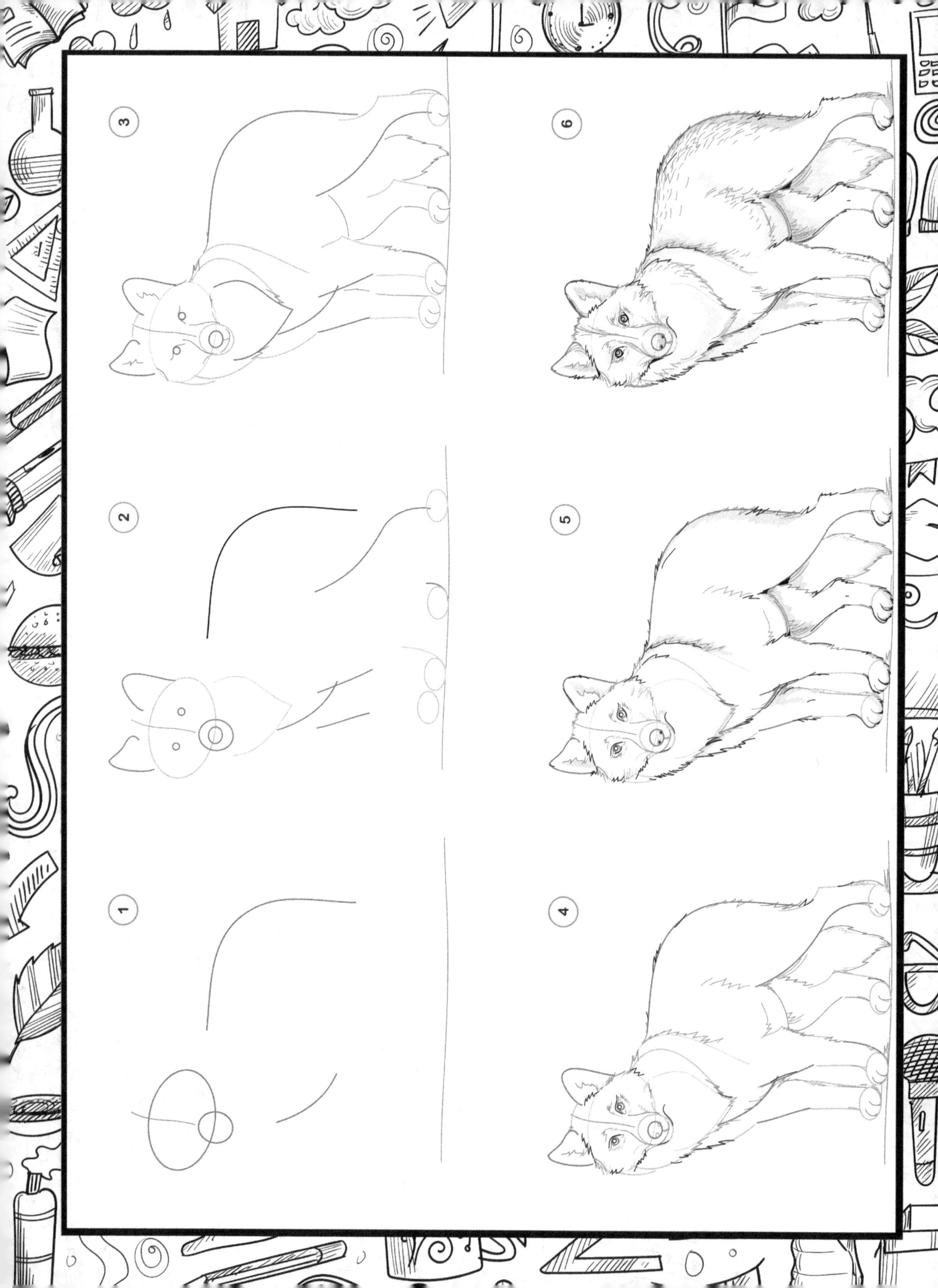